sekolah - училище 2
perjalanan - пътуване 5
transportasi - транспорт 8
kota - град 10
pemandangan - пейзаж 14
restauran - ресторант 17
supermarket - супермаркет 20
minuman - напитки 22
makanan - ядене 23
pertanian - селски двор 27
rumah - къща 31
ruang tamu - всекидневна 33
dapur - кухня 35
kamar mandi - баня 38
kamar anak - детска стая 42
pakaian - облекло 44
kantor - офис 49
ekonomi - икономика 51
pekerjaan - професии 53
alat - инструменти 56
alat musik - музикални инструменти 57
kebun binatang - зоологическа градина 59
olahraga - спорт 62
aktivitas - дейности 63
keluarga - семейство 67
badan - тяло 68
rumah sakit - болница 72
darurat - спешен случай 76
bumi - Земя 77
jam - часовник 79
minggu - седмица 80
tahun - година 81
bentuk - форми 83
warna-warna - цветове 84
berlawanan - противоположности 85
angka-angka - числа 88
bahasa-bahasa - езици 90
siapa / apa / begaimana - кой / какво / как 91
dimana - къде 92

Impressum
Verlag: BABADADA GmbH, Nedderfeld 112 , 22529 Hamburg
Geschäftsführer / Verlagsleitung: Harald Hof
Druck: Books on Demand GmbH, In de Tarpen 42, 22848 Norderstedt

Imprint
Publisher: BABADADA GmbH, Nedderfeld 112 , 22529 Hamburg, Germany
Managing Director / Publishing direction: Harald Hof
Print: Books on Demand GmbH, In de Tarpen 42, 22848 Norderstedt

sekolah

училище

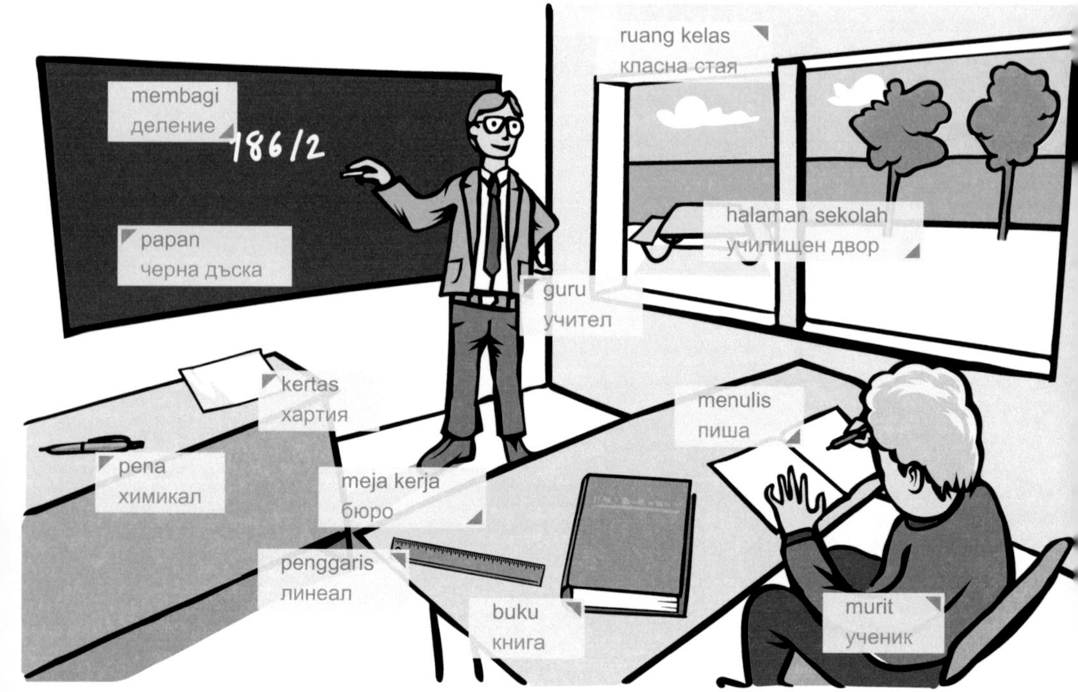

ruang kelas
класна стая
membagi
деление
186/2
papan
черна дъска
halaman sekolah
училищен двор
guru
учител
kertas
хартия
menulis
пиша
pena
химикал
meja kerja
бюро
penggaris
линеал
buku
книга
murit
ученик

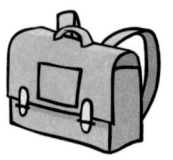

tas sekolah

ученическа раница

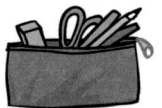

tempat pensil

ученически несесер

pensil

молив

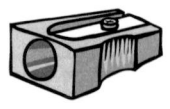

pengasah pensil

острилка за моливи

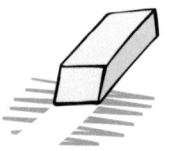

penghapus

гума

kertas gambar

блок за рисуване

gambar

рисунка

kuas

четка

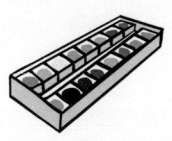

kotak cat

акварелни бои

gunting

ножица

lem

лепило

buku latihan

тетрадка за упражнения

pekerjaan rumah

домашна работа

angka

число

tambhakan

събиране

mengurangi

изваждане

mengalikan

умножение

menghitung

смятане

huruf

буква

alfabet

азбука

kata

дума

teks

текст

membaca

чета

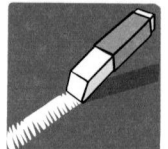

kapur

тебешир

pelajaran

час

daftar

дневник на класа

ujian

изпит

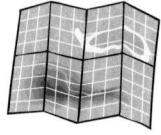

sertifikat

свидетелство

seragam sekolah

ученическа униформа

pendidikan

образование

ensiklopedi

справочник

universitas

университет

mikroskop

микроскоп

peta

карта

tempat sampah

кошче за хартиени
отпадъци

perjalanan

пътуване

hotel
хотел
Grand
hostel
хостел
ROOMS
kantor pertukaran mata uang
обменно бюро
CHANGE
koper
куфар
mobil
кола

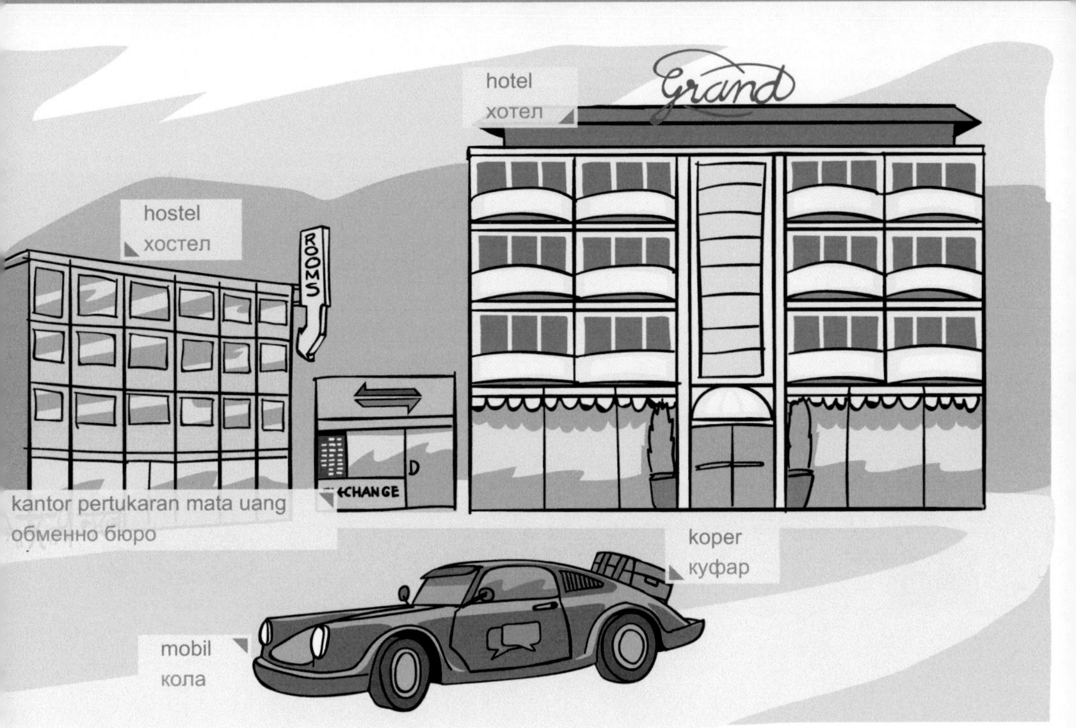

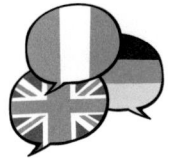

bahasa

език

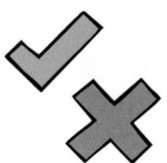

ya / tidak

да / не

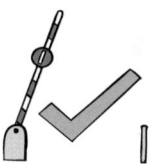

okay

Окей

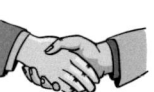

hallo

здравей

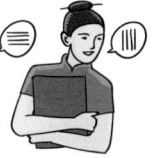

penerjemah

преводач

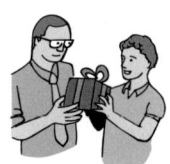

terima kasih

Благодаря

Berapa harganya…?

Колко струва…?

saya tidak mengerti

Не разбирам

masalah

проблем

Selamat malam!

Добър вечер!

Selamat siang!

Добро утро!

Selamat tidur!

Лека нощ!

sampai jumpa

довиждане

arah

посока

bagasi

багаж

tas

пътна чанта

ransel

раница

tamu

посетител

ruang

стая

kantong tidur

спален чувал

tenda

палатка

informasi wisata

ристическа информация

pantai

плаж

kartu kredit

кредитна карта

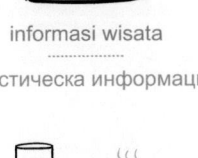

sarapan

закуска

makan siang

обед

makan malam

вечеря

tiket

билет

elevator

асансьор

perangko

пощенска марка

perbatasan

граница

cukai

митница

kedutaan

посолство

visa

виза

paspor

паспорт

transportasi
транспорт

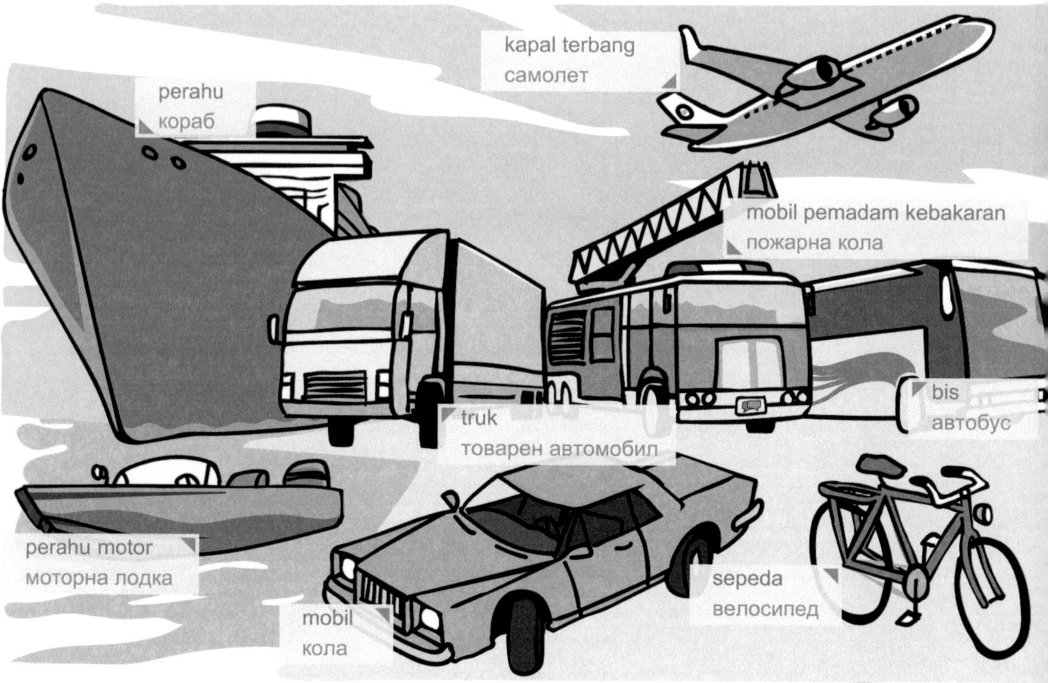

kapal terbang
самолет
perahu
кораб
mobil pemadam kebakaran
пожарна кола
bis
автобус
truk
товарен автомобил
perahu motor
моторна лодка
sepeda
велосипед
mobil
кола

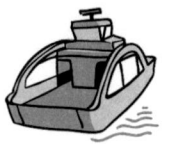

feri

ферибот

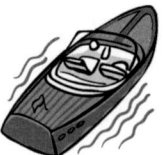

perahu

лодка

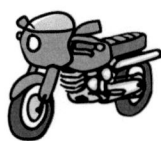

sepeda motor

мотоциклет

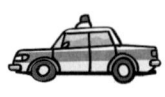

mobil polisi

полицейска кола

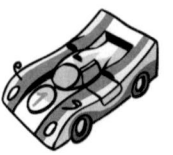

mobil balapan

състезателна кола

mobil sewa

кола под наем

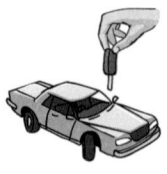

berbagi mobil

каршеринг

truk derek

автомобил от "Пътна помощ"

truk sampah

сметовоз

motor

двигател

bahan bakar

бензин

bensin

бензиностанция

tanda lalulintas

пътен знак

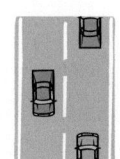

lalulintas

улично движение

macet

задръстване

parkir mobil

паркинг

stasiun kereta

гара

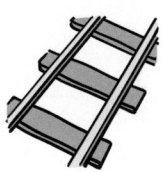

trek

релси

kereta api

влак

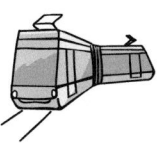

tram

трамвай

gerobak

вагон

helikopter

хеликоптер

bendara

аерогара

menara

кула

penumpang

пасажер

container

контейнер

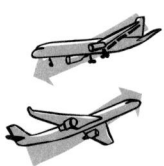

karton

кашон

troli

ръчна количка

keranjang

кошница

berangkat / mendarat

излитам / приземявам се

kota

град

desa

село

pusat kota

градски център

rumah

къща

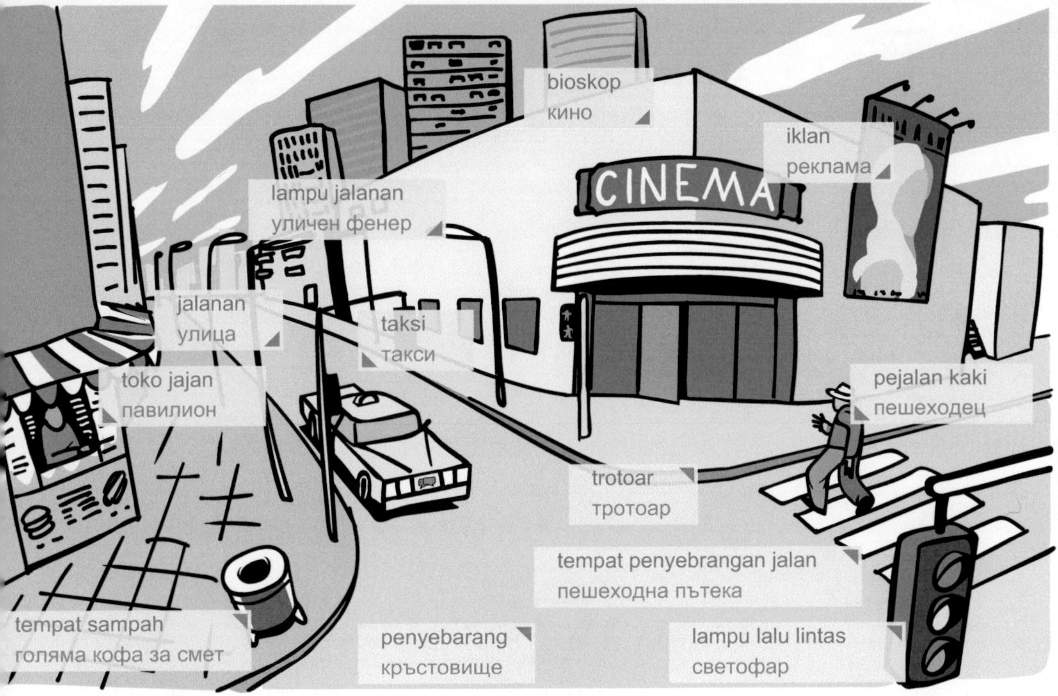

bioskop
кино

iklan
реклама

lampu jalanan
уличен фенер

jalanan
улица

taksi
такси

toko jajan
павилион

pejalan kaki
пешеходец

trotoar
тротоар

tempat penyebrangan jalan
пешеходна пътека

tempat sampah
голяма кофа за смет

penyebarang
кръстовище

lampu lalu lintas
светофар

CINEMA

gubuk

хижа

rumah flat

жилище

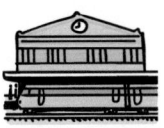

stasiun kereta

гара

balai kota

кметство

museum

музей

sekolah

училище

universitas

университет

bank

банка

rumah sakit

болница

hotel

хотел

farmasi

аптека

kantor

офис

toko buku

книжарница

toko

магазин за цветя

toko bunga

магазин за цветя

supermarket

супермаркет

pasar

пазар

toko serba ada

универсален магазин

nelayan

търговец на риба

pusat belanja

търговски център

pelabuhan

пристанище

kota - град

taman

парк

banku

пейка

jembatan

мост

tangga

стълба

kereta bawah tanah

метро

terowongan

тунел

pemberhantian bis

автобусна спирка

bar

бар

restauran

ресторант

kotak surat

пощенска кутия

tanda jalan

улична табелка

meteran parkir

часовник за паркинг
престой

kebun binatang

зоологическа градина

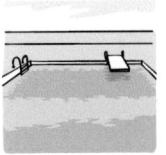

kolam renang

плувен басейн

mesjid

джамия

kota - град

pertanian

селски двор

polusi

замърсяване на околната среда

kuburan

гробище

gereja

църква

tempat bermain

детска площадка

pura

храм

pemandangan
пейзаж

daun
листо

penunjuk arah
пътепоказател

jalanan
път

padang rumput
ливада

batu
камък

pohon
дърво

pejalak kaki
пътешественик

sungai
река

rumput
трева

bunga
цвете

lembah

долина

bukit

планина

danau

море

hutan

гора

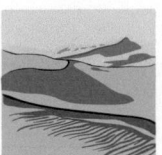

padang gurun

пустиня

gunung berapi

вулкан

istana

замък

pelangi

дъга

jamur

гъба

pohon palem

палма

nyamuk

комар

lalat

муха

semut

мравка

lebah

пчела

laba-laba

паяк

kumbang

бръмбар

kodok

жаба

tupai

катеричка

landak

таралеж

kelinci

заек

burung hantu

кукумявка

burung

птица

angsa

лебед

babi jantan

диво прасе

rusa

елен

rusa

лос

bendungan

бент

turbin angin

вятърна турбина

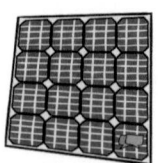

panel surya

соларен модул

iklim

климат

pelayan
келнер

daftar makanan
меню

kursi
стол

sup
супа

pizza
пица

peralatan makan
прибори за хранене

taplak
покривка за маса

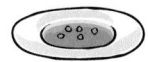

hindangan pembuka

предястие

hidangan utama

основно ястие

hidangan penutup

десерт

minuman

напитки

makanan

ядене

botol

бутилка

fastfood

бързо хранене

masakan jalanan

улична храна

teko teh

кана за чай

kaleng gula

кутия за захар

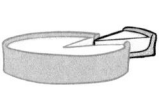

porsi

порция

mesin espresso

еспресо машина

kursi tinggi

висок детски стол

tagihan

сметка

baki

табла

pisau

ножица за нокти

garpu

вилица

sendok

лъжица

sendok teh

чаена лъжичка

serbet

салфетка

gelas

стъклена чаша

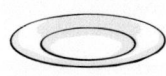

piring

чиния

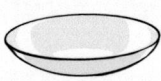

piring sup

чиния за супа

lepek

чинийка

saus

сос

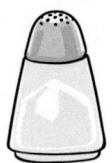

tempat garam

солница

gilingan merica

мелничка за черен пипер

cuka

оцет

minyak

олио

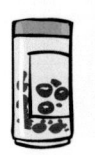

bumbu

подправки

saus tomat

кетчуп

mustar

горчица

mayones

майонеза

supermarket

супермаркет

penawaran khusus
оферта
FOR
klien
клиент
produk susu
млечни продукти
buah
плодове
troli
количка за покупки

BUTCHERS

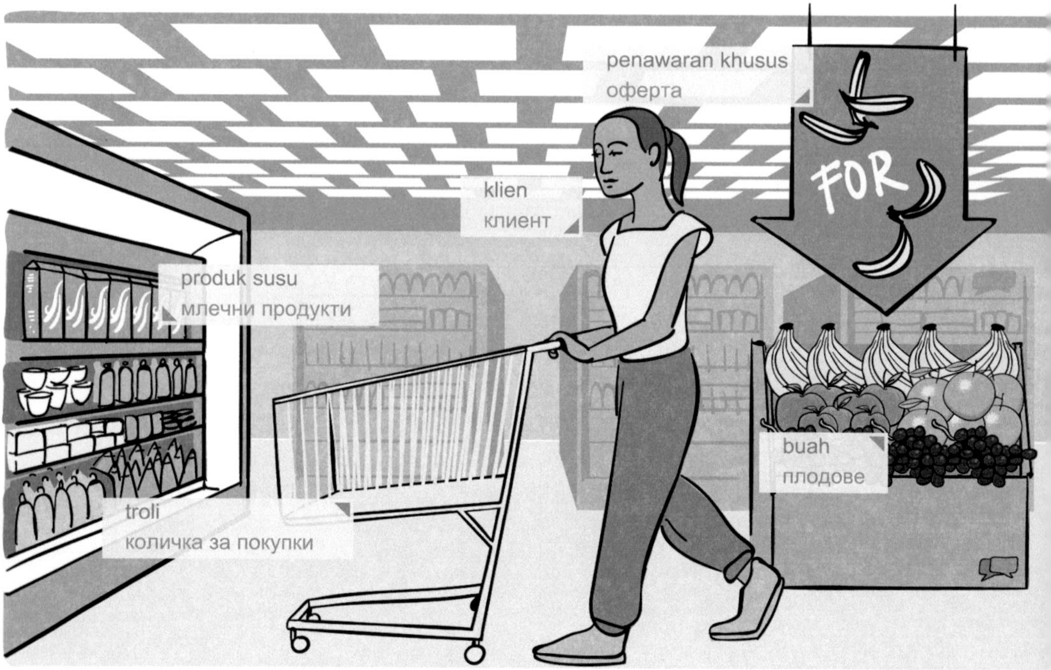

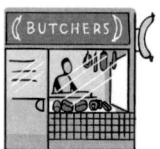

pembantai

кланица

BAKERY

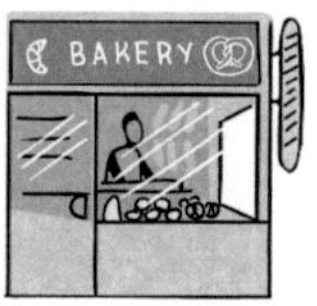

toko roti

хлебарница

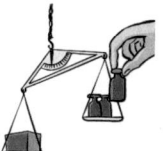

menimbang

тегля

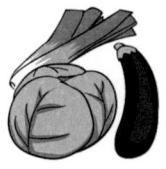

sayur

зеленчуци

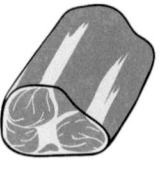

daging

месо

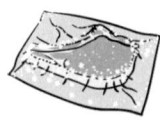

makanan beku

дълбоко замразена храна

pemotongan dingin

нарязан колбас или сирене

makanan kaleng

консерви

sabun serbuk

перилен препарат

permen

лакомства

alat-alat rumah tangga

домакински изделия

obat pembersihan

почистващи препарати

penjual

продавачка

kasa

каса

kasir

касиер

daftar belanja

списък на покупките

jam buka

работно време

dompet

портфейл

kartu kredit

кредитна карта

tas

чанта

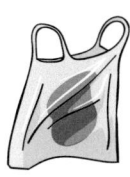

kantong plastik

пластмасова торба

air

вода

jus

сок

susu

мляко

cola

кола

anggur

вино

bir

бира

alkohol

алкохол

coklat

какао

teh

чай

kopi

кафе машина

espresso

еспресо

cappucino

капучино

pisang

банан

apel

ябълка

jeruk

портокал

semangka

пъпеш

jeruk lemon

лимон

wortel

морков

bawang putih

чесън

bambu

бамбук

bawang bombai

лук

jamur

гъба

kacang

ядки

mi

макарони

spagetti

спагети

nasi

ориз

salat

салата

kentang goreng

пържени картофи

kentang goreng

печени картофи

pizza

пица

hamburger

хамбургер

sandwich

сандвич

sayatan

шницел

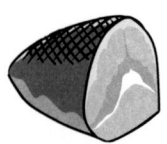

ham

шунка

salami

траен колбас

sosis

салам

ayam

пиле

menggoreng

печено

ikan

риба

bubur gandum

овесени ядки

sereal

мюсли

cornflakes

корнфлейкс

tepung

брашно

croissant

кроасан

roti

хлебчета

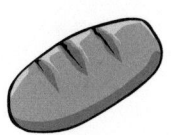

roti

хляб

toast

препечена филийка

biskuit

бисквити

mentega

масло

dadih

извара

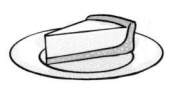

kue

сладкиш

telur

яйце

telur goreng

яйца на очи

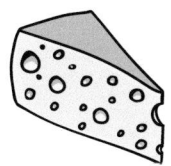

keju

сирене

eskrim

сладолед

gula

захар

madu

мед

selai

мармалад

krim nugat

нуга крем

kare

къри

pertanian
селски двор

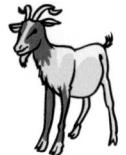

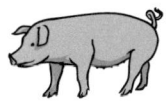

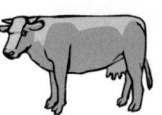

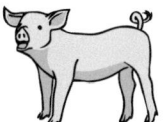

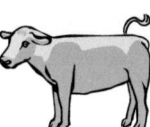

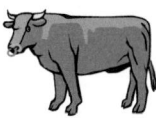

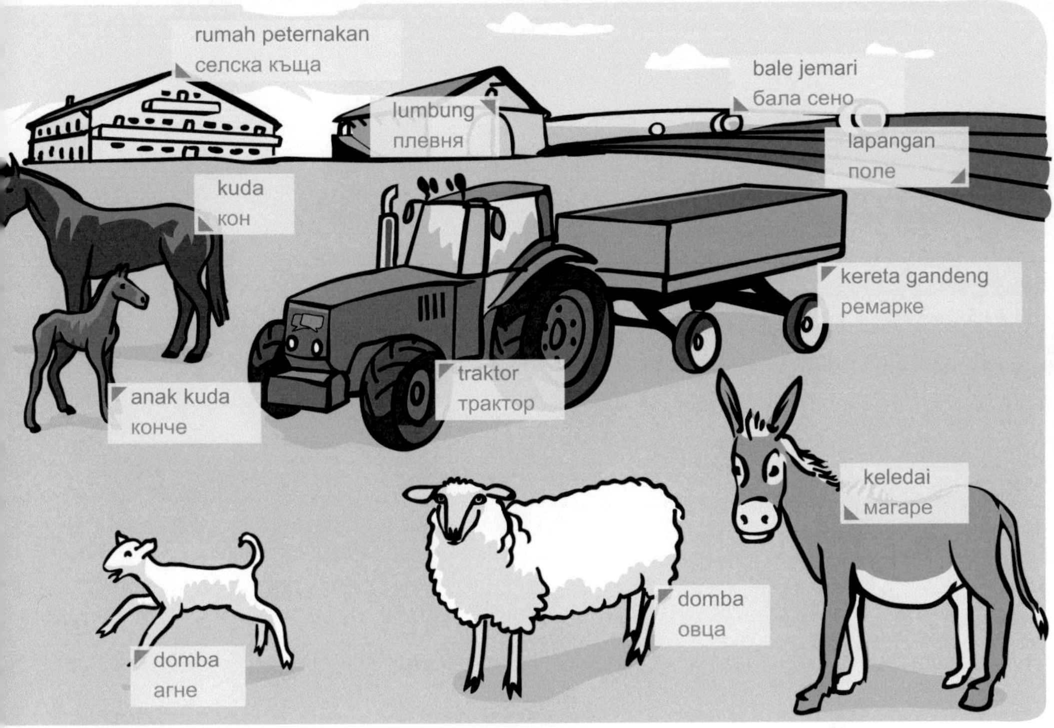
rumah peternakan
селска къща
lumbung
плевня
bale jemari
бала сено
lapangan
поле
kuda
кон
kereta gandeng
ремарке
anak kuda
конче
traktor
трактор
keledai
магаре
domba
овца
domba
агне

kambing

коза

sapi

крава

betis

теле

babi

свиня

celeng

прасенце

banteng

бик

angsa

гъска

bebek

патица

anak ayam

пиленце

ayam

кокошка

ayam jantan

петел

tikus

плъх

kucing

котка

tikus

мишка

lembu

вол

anjing

куче

rumah anjing

кучешка колиба

selang

градински маркуч

penyiram

лейка

sabit

коса

bajak

плуг

sabit

сърп

cangkul

мотика

garpu rumput

вила за тор

kapak

брадва

gerobak

ръчна количка

palung

корито

kaleng susu

съд за мляко

karung

чувал

pagar

ограда

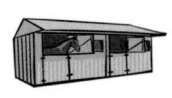

kandang

обор

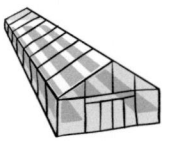

rumah kaca

парник

tanah

земя

benih

сеитба

pupuk

тор

mesin pemanen

комбайн

panen

жъна

panen

реколта

yams

ямс

gandum

жито

kedelai

соя

kentang

картоф

jagung

царевица

lobak

рапица

pohon buah

овощно дърво

singkong

маниока

sereal

зърнени храни

rumah

къща

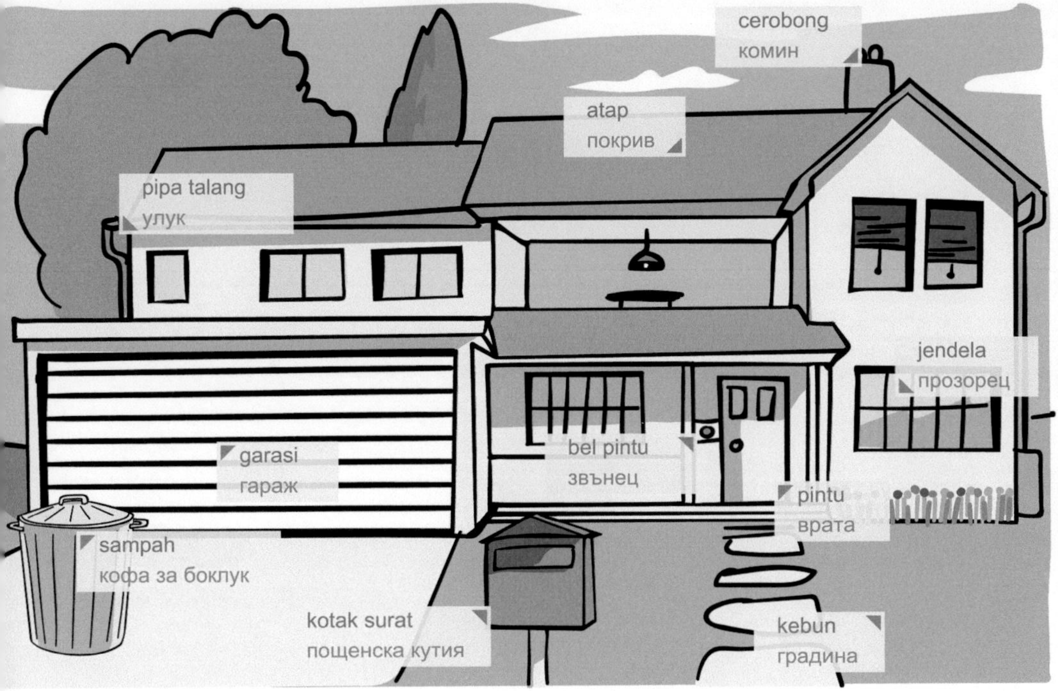
cerobong
комин
atap
покрив
pipa talang
улук
jendela
прозорец
garasi
гараж
bel pintu
звънец
pintu
врата
sampah
кофа за боклук
kotak surat
пощенска кутия
kebun
градина

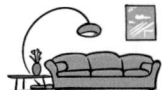

ruang tamu

всекидневна

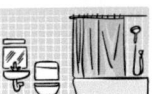

kamar mandi

баня

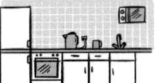

dapur

кухня

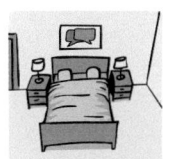

kamar tidur

спалня

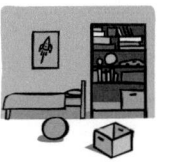

kamar anak

детска стая

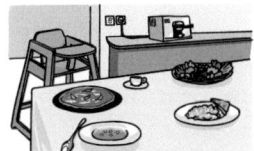

kamar makan

трапезария

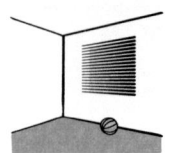

lantai

под

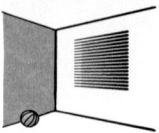

tembok

стена

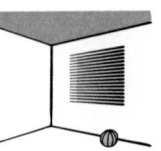

atap

таван

gudang di bawah tanah

изба

sauna

сауна

balkon

балкон

teras

тераса

kolam renang

плувен басейн

mesin pemotong rumput

косачка

sprei

спално бельо

selimut

покривка за легло

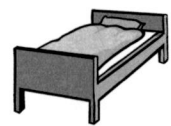

tempat tidur

легло

sapu

метла

ember

кофа

tombol

електрически ключ

ruang tamu

всекидневна

kertas dinding
тапет
gambar
картина
lampu
лампа
rak
рафт
kabinet
шкаф
televisi
телевизор
perapian
камина
bunga
цвете
bantal
възглавница
sofa
канапе
vas
ваза
remote control
дистанционно управление

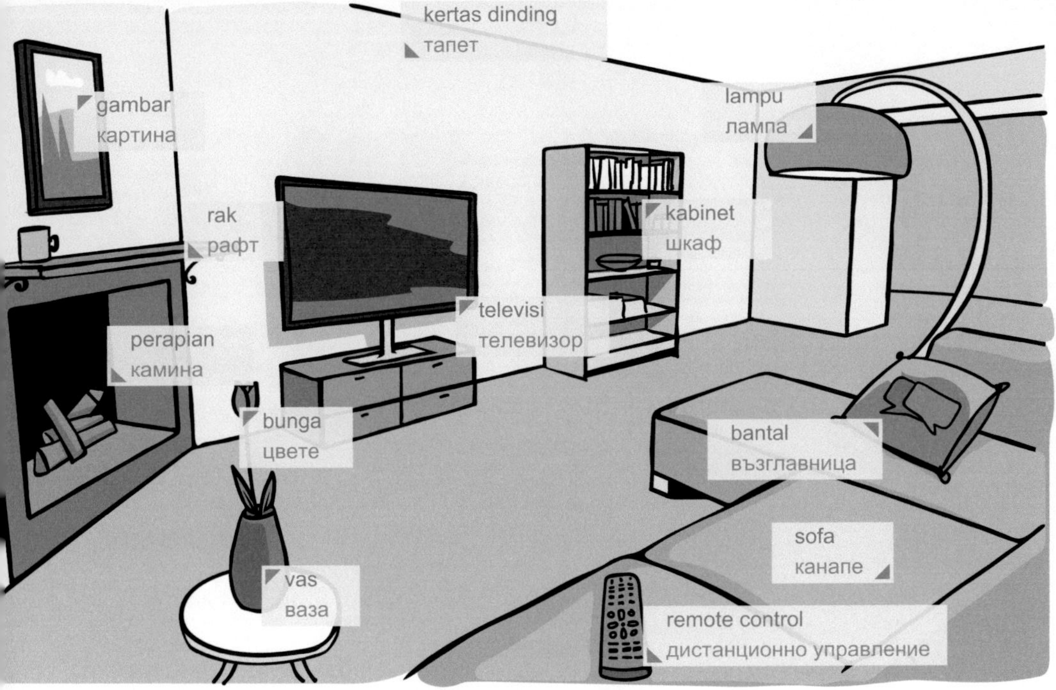

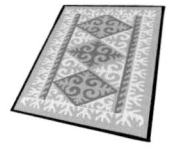

karpet

килим

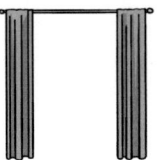

korden

завеса

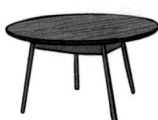

meja

маса

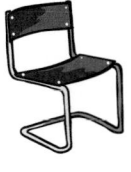

kursi

стол

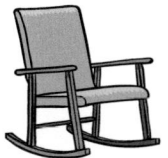

kursi goyang

люлеещ се стол

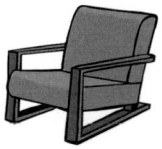

kursi malas

кресло

buku

книга

selimut

одеяло

dekorasi

декорация

kayu bakar

дърва за отопление

filem

филм

hi-fi

стерео уредба

kunci

ключ

koran

вестник

lukisan

живопис

poster

постер

radio

радио

buku tulis

бележник

penyedot debu

прахосмукачка

kaktus

кактус

lilin

свещ

dapur
кухня

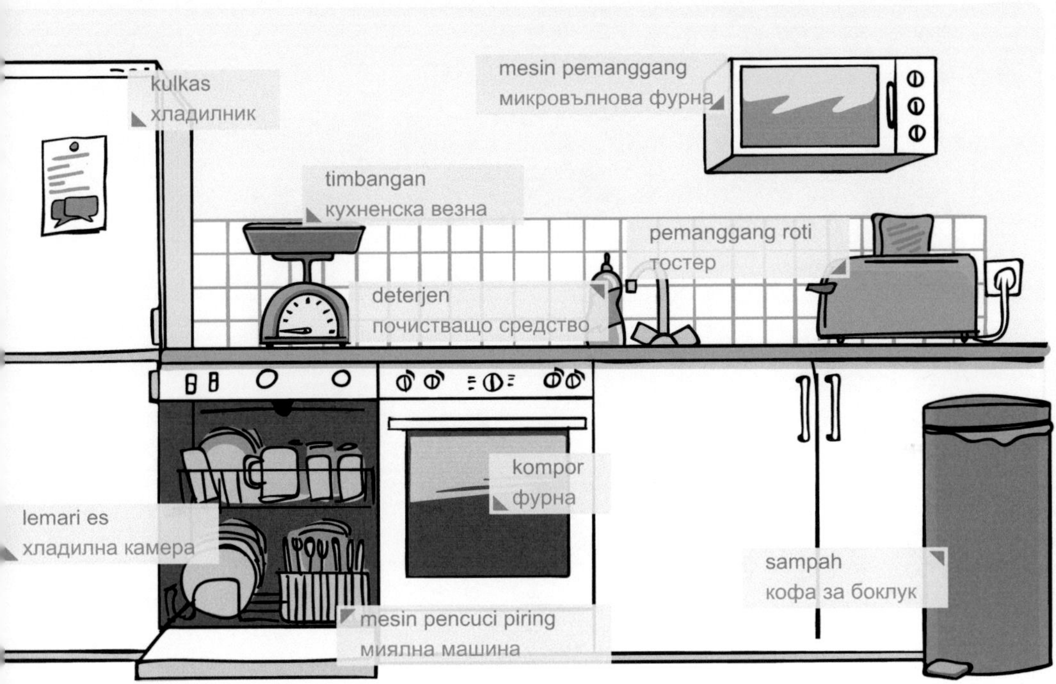
kulkas
хладилник
mesin pemanggang
микровълнова фурна
timbangan
кухненска везна
pemanggang roti
тостер
deterjen
почистващо средство
kompor
фурна
lemari es
хладилна камера
sampah
кофа за боклук
mesin pencuci piring
миялна машина

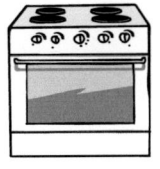

kompor

готварска печка

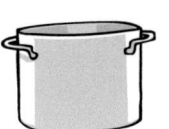

panci

тенджера

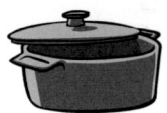

panci besi

желязна тенджера

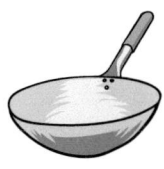

wajan

уок / кадаи

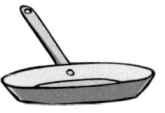

panci

тиган

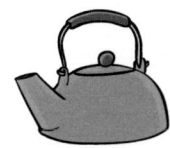

pemanas air

кана за затопляне на вода

panci pengukus makanan

уред за готвене на пара

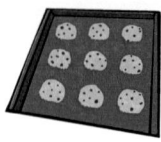

nampan

тава за печене

piring

съдове

cangkir

чаша

mangkok

купа

sumpit

клечки за хранене

sendok sup

черпак

sudip

лопатка за тиган

mengocok

тел за разбиване (на яйца, белтъци)

saringan

кошница за варене

saringan

гевгир

parutan

ренде

mortir

хаван

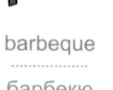

barbeque

барбекю

api terbuka

огнище

papan memotong

дъска

gilingan

точилка

alat pembuka botol

тирбушон

kaleng

кутия

pembuka kaleng

отварачка за консерви

pegangan panci

кухненска ръкохватка

wastafel

мивка

sikat

четка

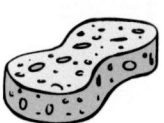

busa

гъба

mesin pencampur

миксер

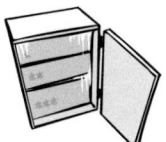

lemari es

фризер

botol bayi

бебешко шише

keran

воден кран

kamar mandi

баня

mandi
душ
mesin pemanas
отопление
handuk
хавлиена кърпа
tirai kamar mandi
завеса за баня
mandi busa
шампоан за вана
bak mandi
вана
gelas
стъклена чаша
mesin cuci
перална машина
keran
воден кран
ubin
плочки
pispot
гърне
wastafel
мивка

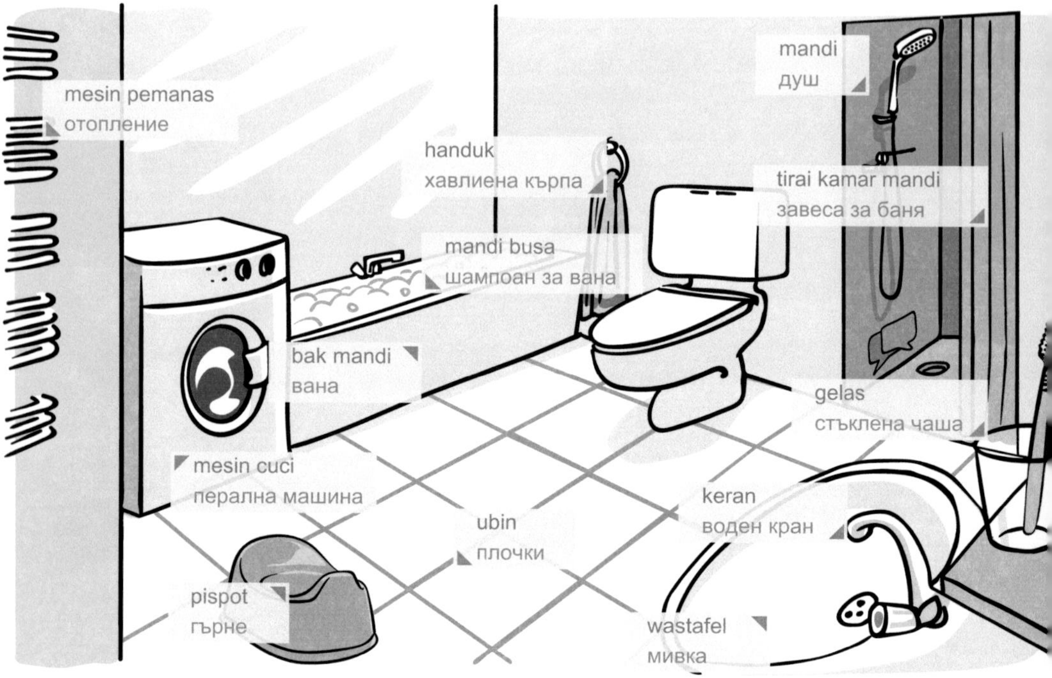

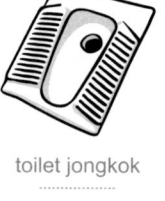

toilet
....
тоалетна

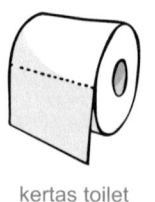

toilet jongkok
....
клекало

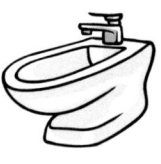

bidet
....
биде

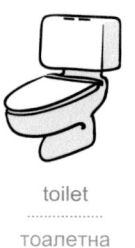

pissoir
....
писоар

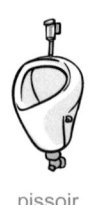

kertas toilet
....
тоалетна хартия

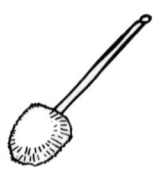

sikat toilet
....
четка за тоалетна

sikat gigi

четка за зъби

pasta gigi

паста за зъби

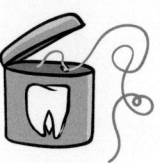

benang gigi

конец за зъби

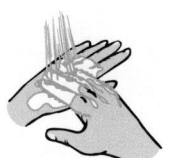

menyuci

мия

pancuran tangan

ръчен душ

pancuran

интимен душ

bak

леген

sikat punggung

четка за гръб

sabun

сапун

gel mandi

душ гел

sampo

шампоан за вана

planel

гъба за баня

kuras

сифон

krim

крем

deodoran

дезодорант

kaca

огледало

cermin tangan

козметично огледало

pisau cukur

ръчна самобръсначка

busa cukur

пяна за бръснене

aftershave

одеколон за след
бръснене

sisir

гребен

sikat

четка

alat pengering rambut

сешоар

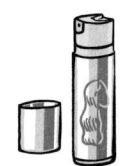

semprot rambut

спрей за коса

makeup

грим

lipstik

червило

cat kuku

лак за нокти

kapas

памук

gunting kuku

ножица за нокти

minyak wangi

парфюм

kantong pencuci

тоалетна чантичка

bangku

табуретка

timbangan

везна

mantel mandi

хавлия

sarung tangan karet

домакински ръкавици

tampon

тампон

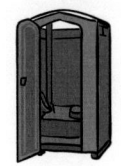

handuk pembalut

дамски превръзки

toilet kimia

химическа тоалетна

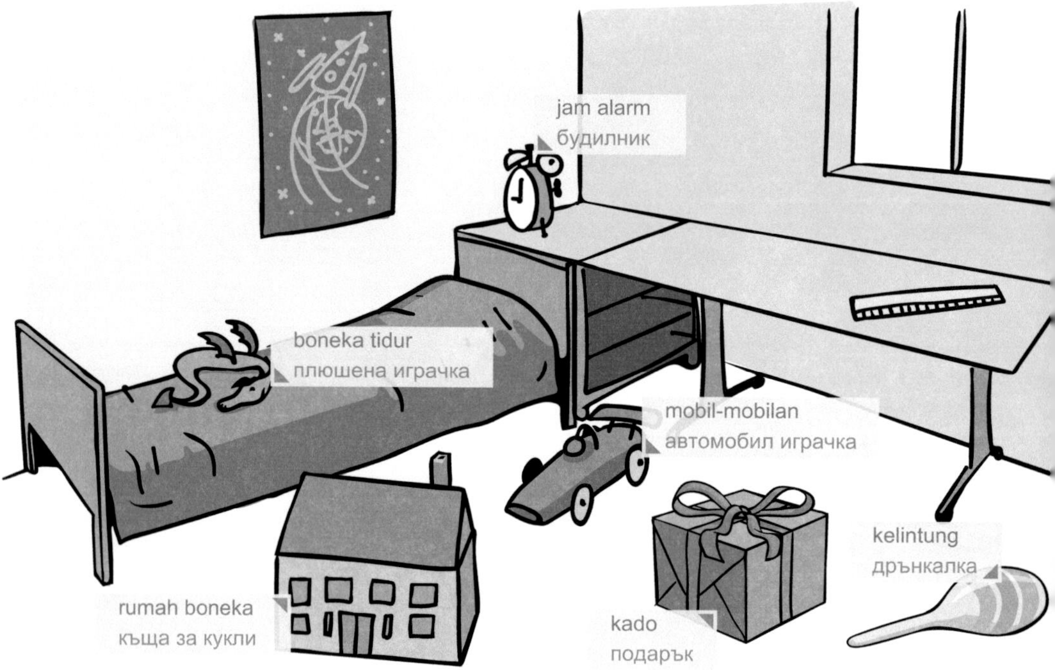
jam alarm
будилник
boneka tidur
плюшена играчка
mobil-mobilan
автомобил играчка
kelintung
дрънкалка
rumah boneka
къща за кукли
kado
подарък

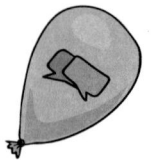

balon

балон

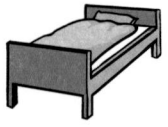

tempat tidur

легло

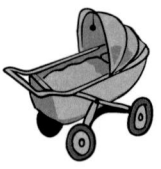

kereta bayi

детска количка

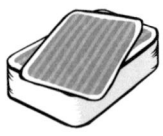

mainan kartu

игра на карти

teka-teki

пъзел

SUPER
MEGA

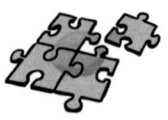

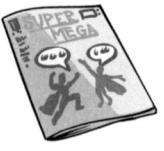

komik

комикс

mainan lego

лего елементи

blok mainan

строителни елементи

figur aksi

екшън фигурка

baju monyet

бебешки гащеризон

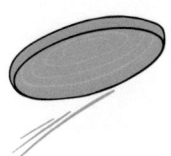

frisbee

фрисби

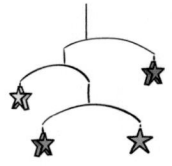

mobile

бебешки играчки за легло

permainan papan

настолна игра

dadu

зарче

set model kreta api

миниатюрно влакче

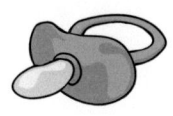

dot

биберон

pesta

парти

buku gambar

детска книга с илюстрации

bola

топка

boneka

кукла

bermain

играя

tempat main pasir

пясъчник

ayunan

люлка

mainan

играчка

video game konsol

игрова конзола

sepeda roda tiga

велосипед с три колелета

teddy

плюшено мече

lemari pakaian

гардероб

pakaian

облекло

kaos kaki

къси чорапи

kaos kaki

дълги чорапи

baju ketat

чорапогащник

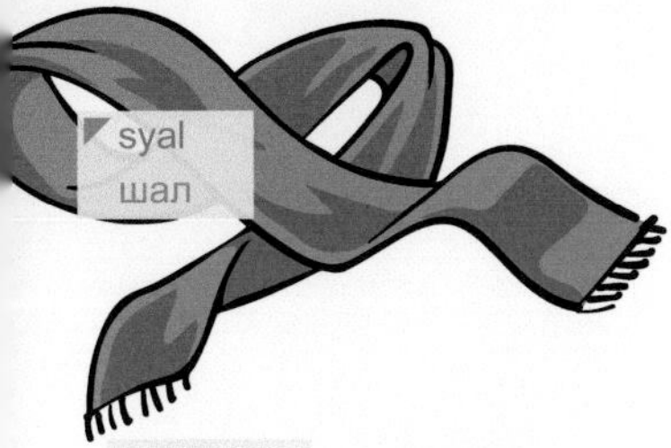

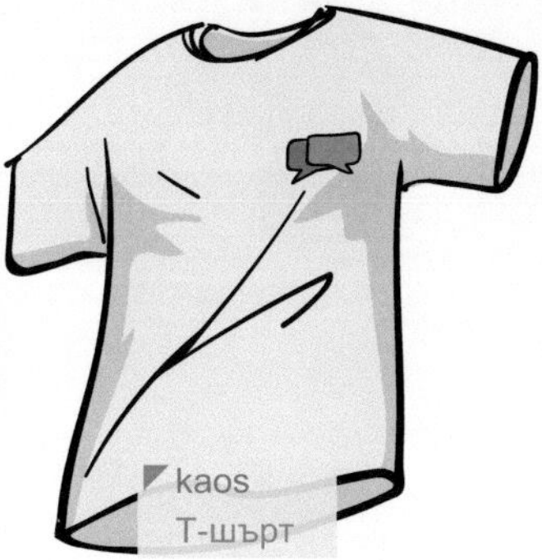

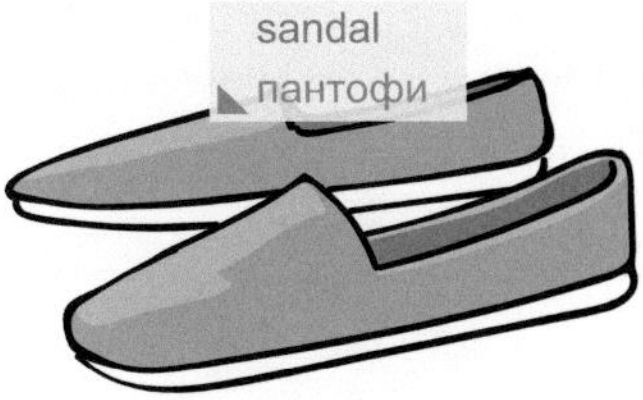

syal
шал

sabuk
колан

payung
чадър

kaos
Т-шърт

sepatu bot
ботуши

sandal
пантофи

sepatu
гуменки

sandal

сандали

sepatu

обувки

sepatu bot karet

гумени ботуши

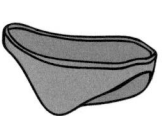

celana dalam

слип

BH

сутиен

baju rompi

долна блуза

body

боди

celana

панталон

jeans

дънки

rok

пола

blus

блуза

kemeja

риза

aket berkerudung

пуловер

sweater

суичър

jaket

блейзър

jaket

яке

mantel

палто

jas hujan

дъждобран

kostum

костюм

gaun

рокля

gaun pengantin

булчинска рокля

setelan resmi

костюм

gaun tidur

нощница

piyama

пижама

sari

сари

jilbab

кърпа за глава

turban

тюрбан

burka

бурка

kaftan

кафтан

abaya

абая

pakaian renang

бански костюм

celana renang

плувни шорти

celana pendek

къс панталон

olah raga

анцуг

celemek

престилка

sarung tangan

ръкавици

kancing

копче

kacamata

очила

gelang

гривна

kalung

верижка

cincin

пръстен

anting

обеца

topi

каскет

gantungan mantel

закачалка

topi

шапка

dasi

вратовръзка

ritsleting

цип

helm

каска

tali selempang

тиранти

seragam sekolah

ученическа униформа

seragam

униформа

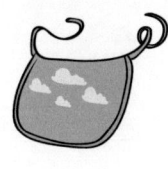

oto

лигавник

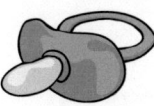

dot

биберон

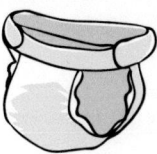

popok

пелена

kantor

офис

server
сървър
lemari arsip
шкаф за документи
kertas
хартия
pencetak
принтер
layar
монитор
mouse komputer
мишка
meja kerja
бюро
tempat pengarsipan
папка
papan tombol
клавиатура
tempat sampah
кошче за хартиени отпадъци
computer
компютър
kursi
стол

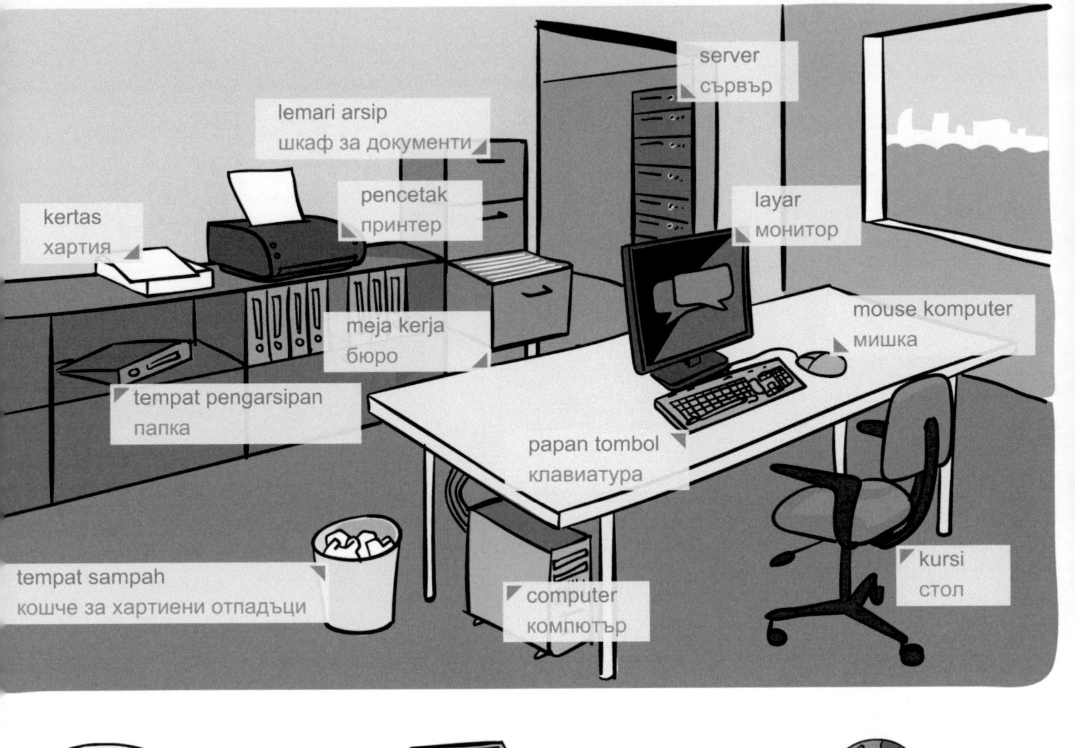

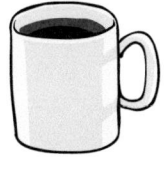

cangkir kopi

чаша за кафе

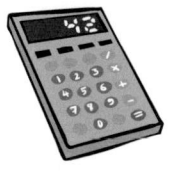

kalkulator

джобен калкулатор

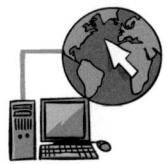

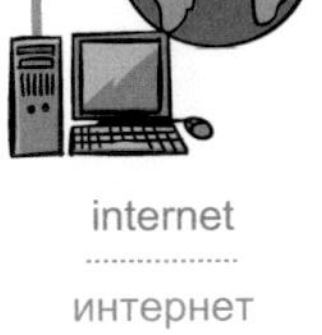

internet

интернет

laptop

лаптоп

surat

писмо

pesan

съобщение

telepon seluler

мобилен телефон

jaringan

мрежа

fotokopi

ксерокс

software

софтуер

telepon

телефон

plug soket

контакт

mesin fax

факс

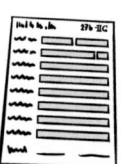

formulir

формуляр

dokumen

документ

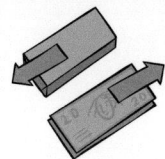

membeli

купувам

membayar

плащам

berdagang

търгувам

uang

пари

Dollar

долар

Euro

евро

Yen

йена

Rubel

рубла

Franc Swiss

швейцарски франк

Renminbi Yuan

ренминби юан

Rupiah

рупия

ATM

банкомат

kantor pertukaran mata uang

обменно бюро

emas

злато

perak

сребро

minyak

нефт

energi

енергия

harga

цена

kontrak

договор

pajak

данък

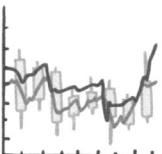

saham

акция

bekerja

работя

karyawan

служител

majikan

работодател

pabrik

фабрика

toko

магазин за цветя

pekerjaan

професии

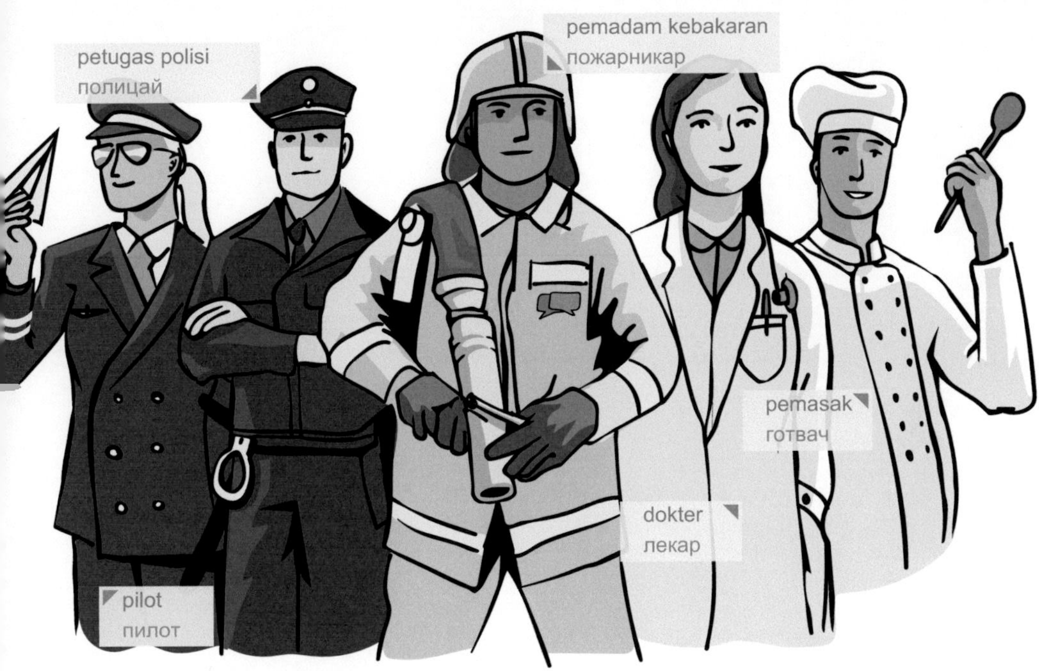

petugas polisi
полицай
pemadam kebakaran
пожарникар
pemasak
готвач
dokter
лекар
pilot
пилот

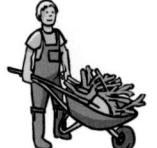

tukan kebun

градинар

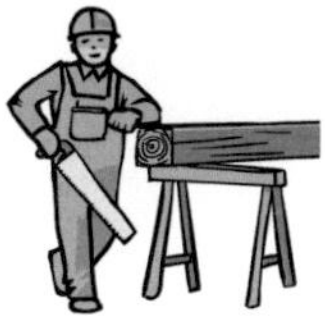

tukang kayu

мебелист

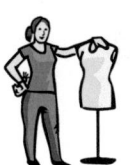

penjahit wanita

шивачка

hakim

съдия

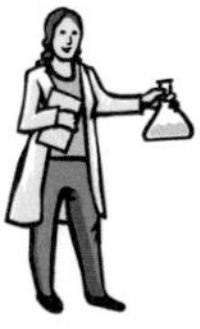

ahli kimia

химик

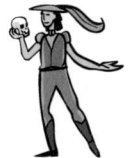

aktor

артист

sopir bis

шофьор на автобус

sopir taksi

шофьор на такси

nelayan

рибар

pembantu

чистачка

tukang atap

майстор на покриви

pelayan

келнер

pemburu

ловец

pelukis

художник

tukang roti

хлебар

tukang listrik

електротехник

pembangun

строителен работник

insinyur

инженер

tukang daging

касапин

tukang ledeng

тенекеджия

tukang pos

пощальон

tentara

войник

arsitek

архитект

kasir

касиер

penjual bunga

цветар

penata rambut

фризьор

konduktor

кондуктор

montir

механик

kapten

капитан

dokter gigi

зъболекар

ilmuwan

научен работник

rabbi

равин

imam

имàм

biarawan

монах

pendeta

свещеник

alat
инструменти

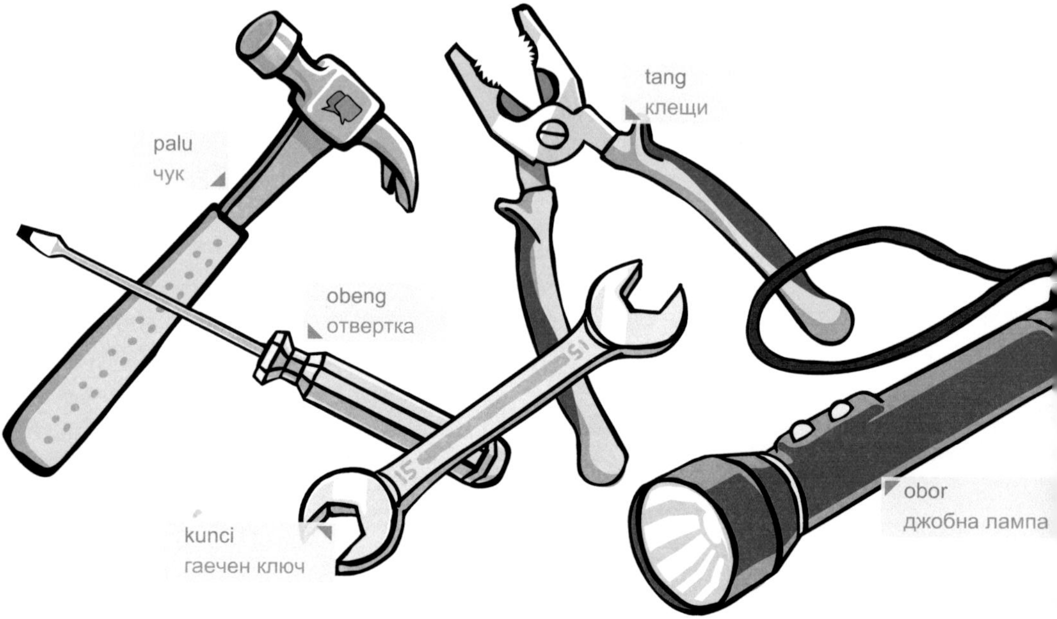

palu
чук

tang
клещи

obeng
отвертка

kunci
гаечен ключ

obor
джобна лампа

penggali

багер

tas perkakas

кутия за инструменти

tangga

стълба

gergaji

трион

paku

пирони

bor

бормашина

56

alat - инструменти

perbaikan

ремонтирам

sekop

лопата

Sialan!

По дяволите!

cikrak

лопатка за смет

pot cat

кутия за боя

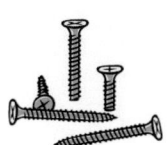

sekrup

болтове

alat musik

музикални инструменти

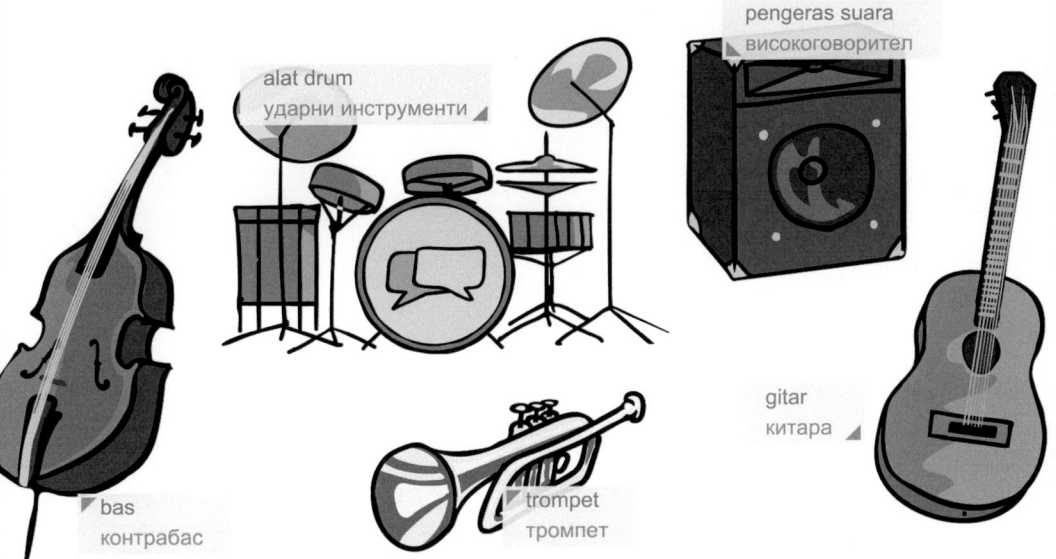

pengeras suara
високоговорител

alat drum
ударни инструменти

bas
контрабас

trompet
тромпет

gitar
китара

piano

пиано

violin

виолина

bass

контрабас

tambur

тимпан

drum

барабан

keyboard

електрическо пиано

saksofon

саксофон

suling

флейта

mikrofon

микрофон

kebun binatang

зоологическа градина

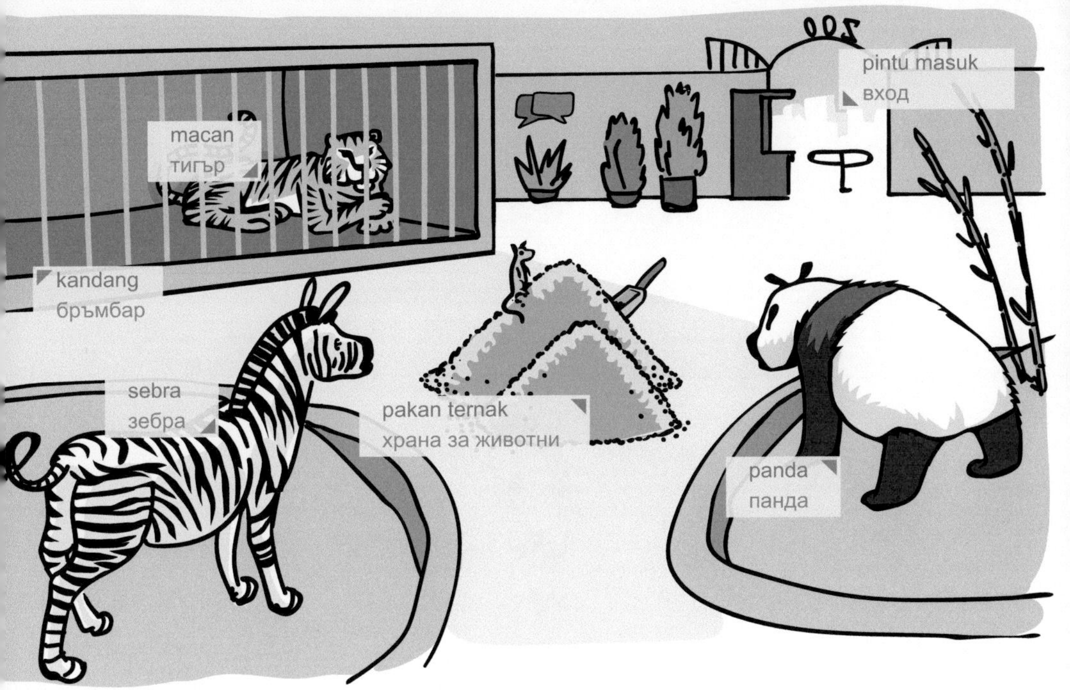

pintu masuk
вход
macan
тигър
kandang
бръмбар
sebra
зебра
pakan ternak
храна за животни
panda
панда

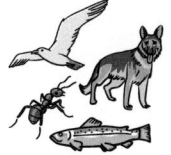

hewan

животни

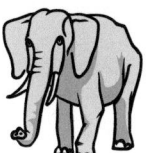

gajah

слон

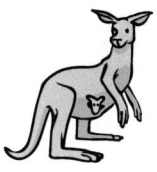

kanguru

кенгуру

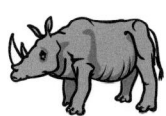

badak

носорог

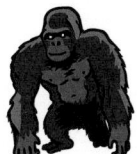

gorila

горила

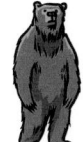

beruang

мечка

unta

камила

burung unta

щраус

singa

лъв

monyet

маймуна

flamingo

фламинго

burung beo

папагал

beruang polar

бяла мечка

penguin

пингвин

hiu

акула

merak

паун

ular

змия

buaya

крокодил

penjaga kebun binatang

пазач в зоологическа
градина

segel

тюлен

jaguar

ягуар

kuda poni

пони

macan tutul

леопард

kuda nil

хипопотам

jerapah

жираф

burung elang

орел

babi jantan

диво прасе

ikan

риба

kura-kura

костенурка

anjing laut

морж

rubah

лисица

kijang

газела

american football
американски футбол

naik sepeda
колоездене

tennis
тенис

basketbal
баскетбол

bernang
плуване

tinju
бокс

hoki es
хокей на лед

sepak bola
··············
футбол

badminton
··············
бадминтон

atletik
··············
лека атлетика

bola tangan
··············
хандбал

main ski
··············
ски бягане

polo
··············
поло

ketawa
смея се

meloncat
скачам

memeluk
прегръщам

berjalan
вървя

menyanyi
пея

mengimpi
сънувам

berdoa
моля се

mencium
целувам

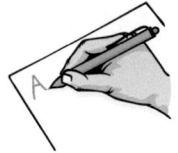

menulis

пиша

melukis

рисувам

menunjuk

показвам

mendorong

бутам

memberikan

давам

mengambil

взимам

mempunyai

имам

melakukan

правя

adalah

съм

berdiri

стоя

berlari

тичам

menarik

дърпам

melempar

хвърлям

jatuh

падам

tidur

лежа

menunggu

чакам

membawa

нося

duduk

седя

berpakaian

обличам

tidur

спя

bangun

събуждам се

melihat

разглеждам

menangis

плача

mengelus

милвам

menyisir

реша се

berbicara

говоря

mengerti

разбирам

menanyak

питам

mendengar

слушам

minum

пия

makan

ям

merapikan

разтребвам

cinta

обичам

memasak

готвя

menyetir

карам автомобил

terbang

летя

berlayar

плавам (с платна)

menghitung

смятане

membaca

чета

belajar

уча

bekerja

работя

menikah

женя се

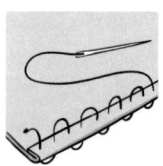

menjahit

шия

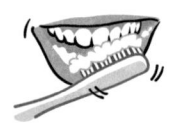

sikat gigi

измивам си зъбите

membunuh

убивам

merokok

пуша

kirim

изпращам

keluarga
семейство

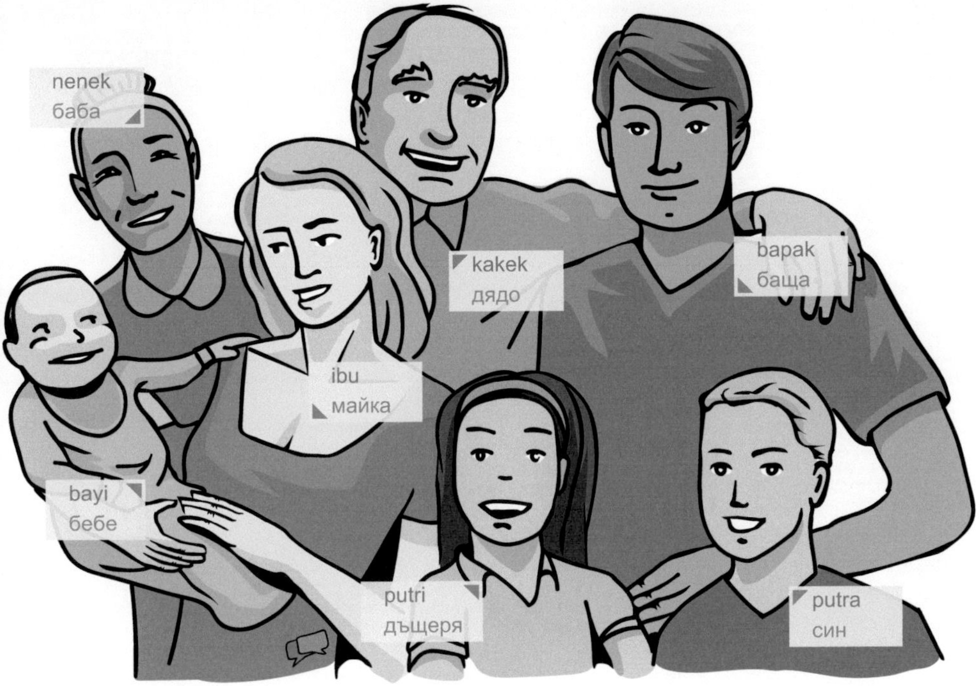
nenek
баба
kakek
дядо
bapak
баща
ibu
майка
bayi
бебе
putri
дъщеря
putra
син

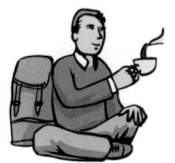

tamu

посетител

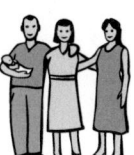

bibi

леля

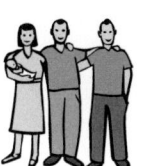

paman

чичо

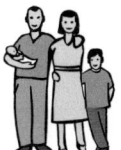

kakak laki

брат

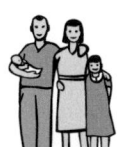

kakak perempuan

сестра

badan

тяло

dahi
чело
mata
око
bahu
рамо
jari
пръст
muka
лице
dagu
брадичка
tangan
ръка
kaki
крак
payudara
гърди
lengan
ръка

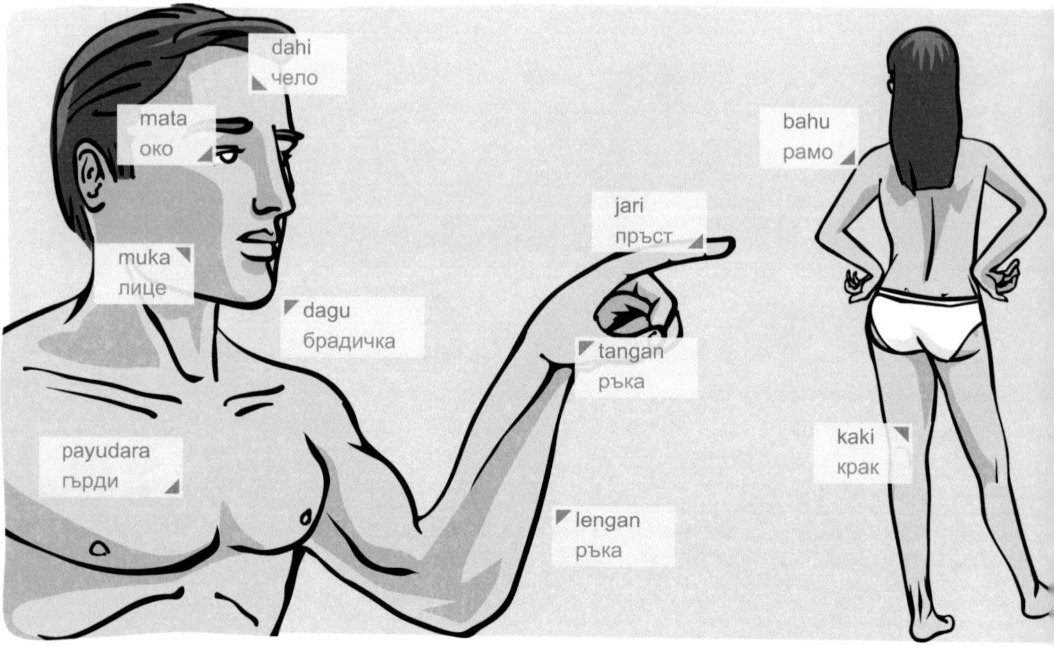

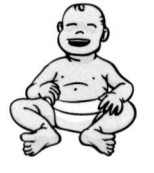

bayi

бебе

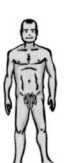

pria

мъж

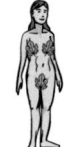

wanita

жена

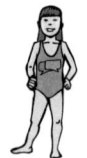

perempuan

момиче

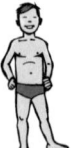

laki

момче

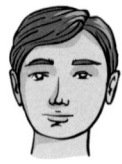

kepala

глава

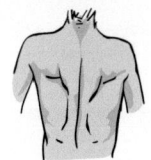

punggung

гръб

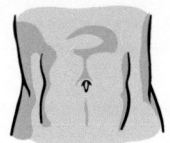

perut

корем

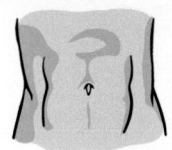

pusar

пъп

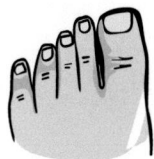

toe

пръст на крака

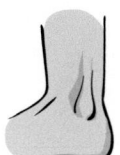

tumit

пета

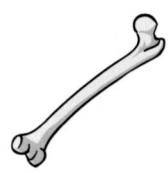

tulang

кост

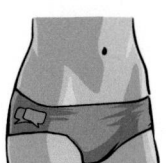

pinggang

хълбок

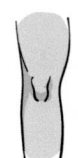

lutut

коляно

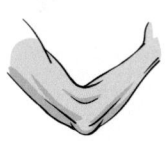

siku

лакът

hidung

нос

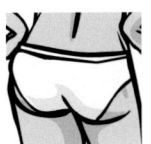

pantat

седалище

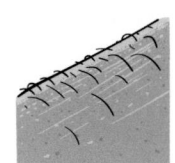

kulit

кожа

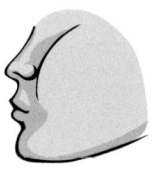

pipi

буза

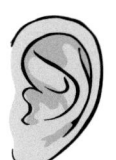

telinga

ухо

bibir

устна

mulut

уста

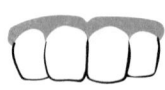

gigi

зъб

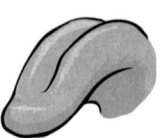

lidah

език

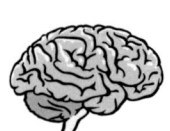

otak

мозък

jantung

сърце

otot

мускул

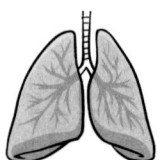

paru-paru

бял дроб

hati

черен дроб

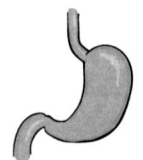

stomach

стомах

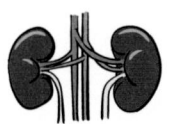

ginjal

бъбреци

hubungan seks

полово сношение

kondom

кондом

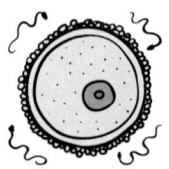

sel telur

яйцеклетка

sperma

сперма

kehamilan

бременност

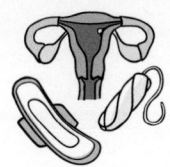

menstruasi

менструация

vagina

вагина

penis

пенис

alis

вежда

rambut

коса

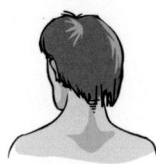

leher

шия

rumah sakit
болница

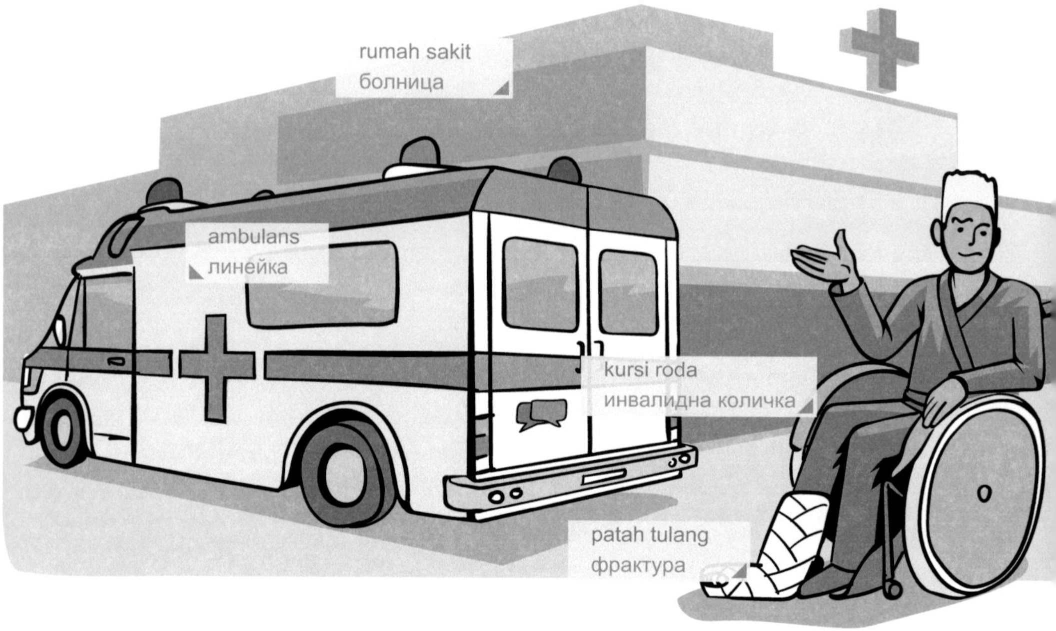

rumah sakit
болница
ambulans
линейка
kursi roda
инвалидна количка
patah tulang
фрактура

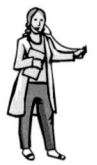

dokter

лекар

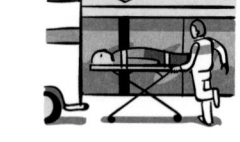

ruang darurat

спешна хоспитализация

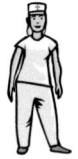

perawat

медицинска сестра

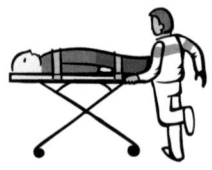

darurat

спешен случай

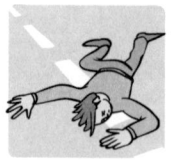

semaput

в безсъзнание

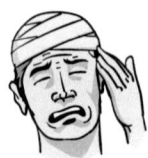

sakit

болка

cedera

нараняване

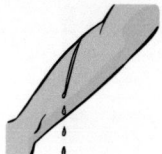

perdarahan

кървене

serangan jantung

инфаркт

stroke

инсулт

alergi

алергия

batuk

кашлица

demam

температура

flu

грип

diare

диария

sakit kepala

главоболие

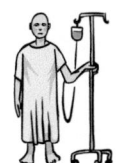

kanker

рак

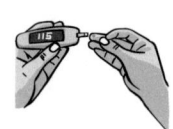

diabetes

диабет

ahli bedah

хирург

pisau bedah

скалпел

operasi

операция

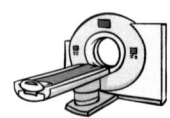

CT

компютърна томография

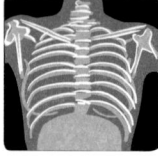

sinar x

рентген

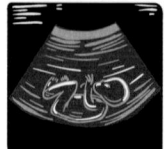

usg

ултразвук

topeng

маска

penyakit

болест

ruang tunggu

чакалня

penyokong

патерица

plester

пластир

perban

превръзка

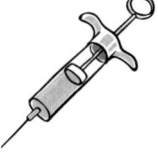

injeksi

инжекция

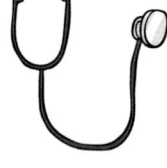

stetoskop

стетоскоп

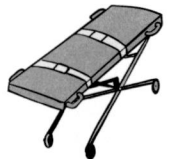

usungan

носилка

termometer klinis

термометър

kelahiran

раждане

kelebihan berat badan

наднормено тегло

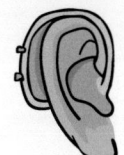

alat pendengar

слухов апарат

desinfektan

дезинфекционно средство

infeksi

инфекция

virus

вирус

HIV / AIDS

HIV / AIDS

obat

медицина

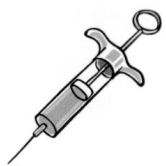

vaksinasi

ваксинация

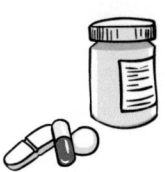

tablet

таблети

pil

противозачатъчна
таблетка

panggilan darurat

спешно телефонно
обаждане

ukur tekanan darah

апарат за измерване на
кръвното налягане

sakit / sehat

болен / здрав

Tolong!

Помощ!

penyerbuan

нападение

serangan

атака

bahaya

опасност

pintu darurat

авариен изход

Api!

Пожар!

alat pemadam kebakaran

пожарогасител

kecelakaan

злополука

kit pertolongan pertama

комплект за оказване на
първа помощ

SOS

SOS

polisi

полиция

Eropa

Европа

Amerika Utara

Северна Америка

Amerika Selatan

Южна Америка

Afrika

Африка

Asia

Азия

Australi

Австралия

Atlantik

Атлантически океан

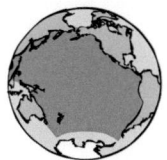

Pasifik

Тихи океан

Samudra India

Индийски океан

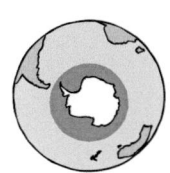

Samudra Antartika

Южен ледовит океан

Samudra Arktik

Северен ледовит океан

kutub utara

Северен полюс

kutub selatan

Южен полюс

Antarktika

Антарктида

bumi

Земя

tanah

суша

laut

море

pulau

остров

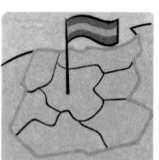

bangsa

нация

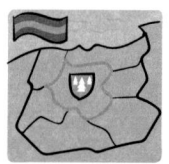

negara

държава

jam wajah

циферблат

jarum pendek

стрелка на часовете

jarum menit

стрелка на минутите

jarum detik

стрелка на секундите

Jam berapa?

Колко е часът?

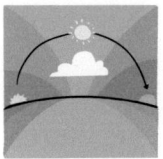

hari

ден

waktu

време

sekarang

сега

jam digital

дигитален часовник

menit

минута

jam

час

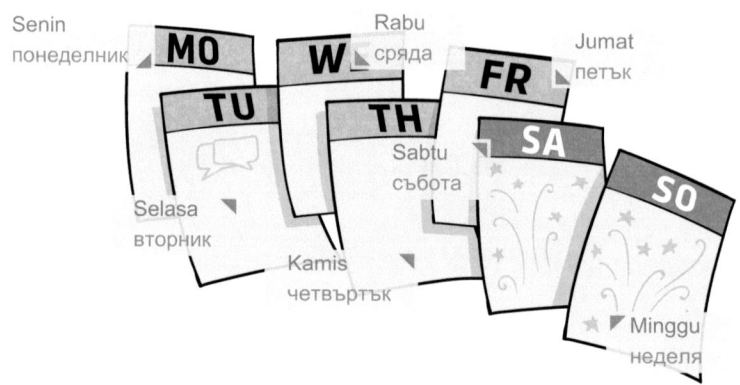

Senin
понеделник

Rabu
сряда

Jumat
петък

Selasa
вторник

Kamis
четвъртък

Sabtu
събота

Minggu
неделя

kemaren

вчера

hari ini

днес

besok

утре

pagi

сутрин

siang

обед

malam

вечер

MO	TU	WE	TH	FR	SA	SU
1	2	3	4	5	6	7
8	9	10	11	12	13	14
15	16	17	18	19	20	21
22	23	24	25	26	27	28
29	30	31	1	2	3	4

hari kerja

работни дни

MO	TU	WE	TH	FR	SA	SU
1	2	3	4	5	6	7
8	9	10	11	12	13	14
15	16	17	18	19	20	21
22	23	24	25	26	27	28
29	30	31	1	2	3	4

akhir minggu

уикенд

hujan
дъжд

pelangi
дъга

angin
вятър

salju
сняг

musim semi
пролет

musim panas
лято

musim gugur
есен

musim dingin
зима

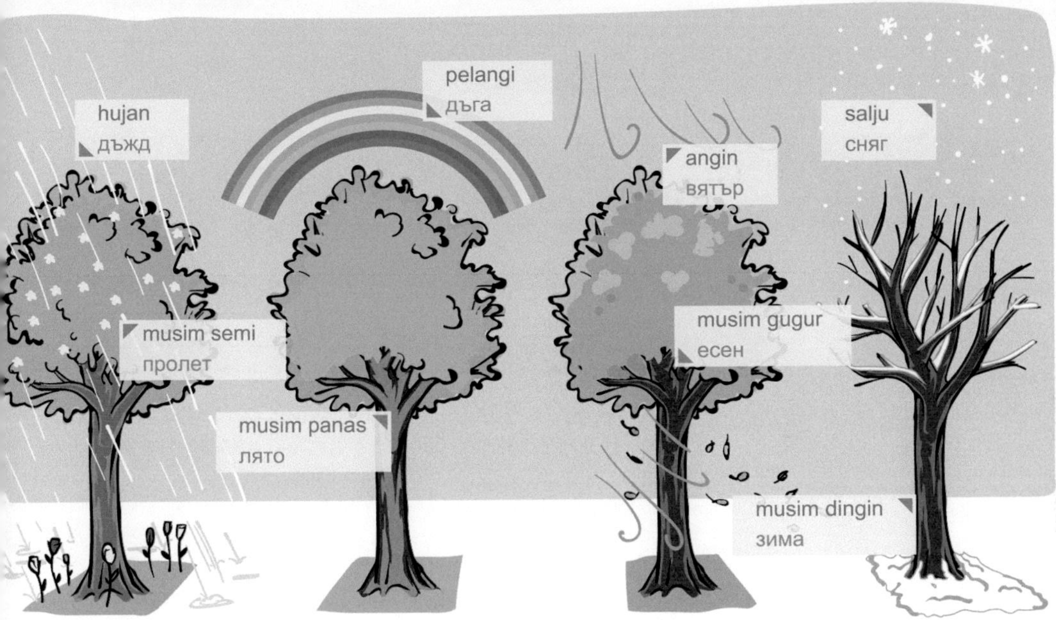

ramalan cuaca

прогноза за времето

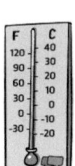

termometer

термометър

matahari

слънчева светлина

awan

облак

kabut

мъгла

kelembahan

влажност на въздуха

kilat

светкавица

guntur

гръмотевица

badai

буря

hujan es

градушка

monsun

мусон

banjir

наводнение

es

лед

Januari

януари

Februari

февруари

Maret

март

April

април

Mei

май

Juni

юни

Juli

юли

Agustus

август

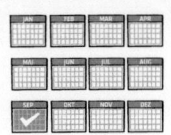

September
....
септември

Oktober
....
октомври

November
....
ноември

Desember
....
декември

bentuk

форми

lingkaran
....
кръг

persegi
....
квадрат

persegi panjang
....
четириъгълник

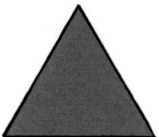

segi tiga
....
триъгълник

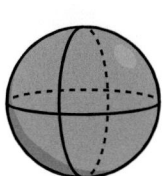

bola
....
сфера

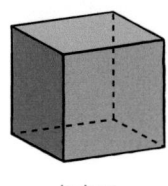

kubus
....
куб

putih

бял

kuning

жълт

oranye

оранжев

pink

розов

merah

червен

ungu

лилав

biru

син

hijau

зелен

coklat

кафяв

abu-abu

сив

hitam

черен

banyak / sedikit

много / малко

marah / tenang

ядосан / спокоен

cantik / jelek

красив / грозен

mulaih / selesai

начало / край

besar / kecil

голям / малък

terang / gelap

светъл / тъмен

saudara laki-laki / saudara perempuan

брат / сестра

bersih / kotor

чист / мръсен

lengkap / tidak lengkap

пълен / непълен

hari / malam

ден / нощ

mati / hidup

мъртъв / жив

luas / sempit

широк / тесен

dapat dimakan / tidak dapat dimakan

ядлив / неядлив

jahat / baik

сърдит / любезен

bersemangat / bosan

развълнуван / скучаещ

gemuk / kurus

дебел / тънък

pertama / terakhir

най-напред / най-накрая

teman / musuh

приятел / враг

penuh / kosong

пълен / празен

keras / lembut

твърд / мек

berat / enteng

тежък / лек

lapar / haus

глад / жажда

sakit / sehat

болен / здрав

ilegal / legal

нелегален / легален

cerdas / bodoh

интелигентен / глупав

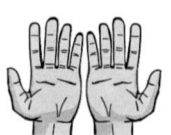

kiri / kanan

ляво / дясно

dekat / jauh

близо / далече

baru / bekas

нов / употребяван

tidak ada apapun / sesuatu

нищо / нещо

tua / muda

стар / млад

nyala / mati

вкл. / изкл.

buka / tutup

отворен / затворен

tenang / keras

тих / силен (звук)

kaya / miskin

богат / беден

benar / salah

правилен / погрешен

kasar / halus

грапав / гладък

sedih / gembira

тъжен / щастлив

pendek / panjang

дълъг / къс

pelan-pelan / cepat

бавен / бърз

basah / kering

мокър / сух

hangat / sejuk

топъл / студен

perang / damai

война / мир

0

nol

нула

1

satu

едно

2

dua

две

3

tiga

три

4

empat

четири

5

lima

пет

6

enam

шест

7

tujuh

седем

8

delapan

осем

9

sembilan

девет

10

sepuluh

десет

11

sebelas

единадесет

12

duabelas

дванадесет

13

tigabelas

тринадесет

14

empatbelas

четиринадесет

15

limabelas

петнадесет

16

enambelas

шестнадесет

17

tujuhbelas

седемнадесет

18

delapanbelas

осемнадесет

19

sembilanbelas

деветнадесет

20

duapuluh

двадесет

100

seratus

сто

1.000

seribu

хиляда

1.000.000

juta

милион

Inggris

английски

bahasa Inggris Amerika

американски английски

bahasa Cina Mandarin

китайски мандарин

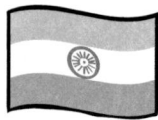

bahasa Hindi

хинди

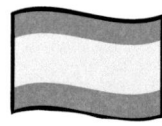

bahasa Spanyol

испански

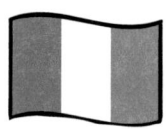

bahasa Perancis

френски

bahasa Arab

арабски

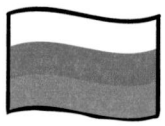

bahasa Rusia

руски

bahasa Portugis

португалски

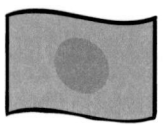

bahasa Bengal

бенгалски

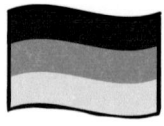

bahasa Jerman

немски

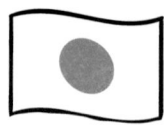

bahasa Jepang

японски

saya

аз

kamu

ти

dia

той / тя / то

kita

ние

kalian

вие

mereka

те

siapa?

кой?

apa?

какво?

begaimana?

как?

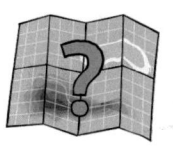

dimana?

къде?

kapan?

кога?

nama

име

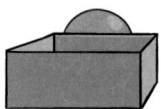

dibelakang

зад

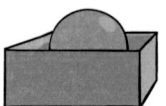

di

в

didepan

пред

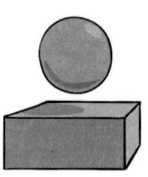

diatas

над

diatas

върху

dibawah

под

sebelah

до

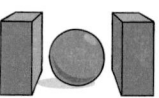

di antara

между

tempat

място